Textes de Michel Piquemal, Geneviève Noël, Danièle Fossette, Gilles Massardier, Fanny Joly, René Gouichoux, Alain Grousset, Emmanuel Trédez, Gudule

Illustration de couverture de Isabelle Jacqué

Illustrations intérieures de Benjamin Chaud, Rémi Saillard, Frédéric Rébéna, Anouk Ricard, Fabrice Turrier, Delphine Renon, Bruno Salamone, Thomas Baas, Claude K. Dubois

Loi n°49-956 du 16 juillet 1949 sur les publications destinées à la jeunesse
ISBN : 978-2-09-252892-1
N° éditeur : 10169554 - Dépôt légal : septembre 2010
Imprimé en Espagne

Toutes mes **histoires** pour rire

Nathan

Laissez passer les biquettes !

Un jour, Irénée, le berger du village, gagna une grosse somme d'argent au Loto. Et comme il était un peu zinzin et que, pour lui, la seule chose qui comptait, c'était ses brebis, il décida de les emmener en voyage scolaire.

« Après tout, se dit-il, mes braves biquettes donnent du lait toute l'année et je ne leur ai jamais montré ce qu'on en faisait. Pourquoi n'irions-nous pas visiter les caves de Roquefort ? »

Il téléphona aussitôt à un transporteur pour louer un car.
– Combien avez-vous d'enfants ? demanda le transporteur.
– Vingt brebis et quatre béliers.
– Et combien d'accompagnateurs ?
– Un seul berger.
« Cet instituteur est un vrai plaisantin », se dit l'homme.
Et en souriant, il marqua sur son calepin :
« vingt filles, quatre garçons et un adulte. »

Mais le mercredi, quand il gara son car sur la petite place du village, il perdit son sourire :

– Il n'est pas question que vos sales bêtes montent dans mon autobus ! Notre compagnie fait du transport d'enfants, pas de chèvres ni de boucs.

– Ne confondez pas tout ! Ce ne sont pas des chèvres mais des brebis ! Et il n'y a pas plus propre. Elles ont fait trempette le mois dernier dans la rivière.

Irénée n'avait pas l'intention de céder : il offrit le double du prix. Résigné, le chauffeur mit une planche à la place de l'escalier et le troupeau monta en bêlant. Certaines bêtes

laissèrent bien échapper quelques crottins mais, pour le double du prix, on ne peut pas être trop regardant. D'ailleurs, il avait bien souvent accompagné des voyages scolaires et les enfants étaient bien plus dégoûtants. Ils collaient leurs chewing-gums sur les sièges, renversaient leurs gourdes sur le plancher et n'arrêtaient pas de brailler.

Les brebis, elles, s'étaient installées bien sagement, chacune à sa place… et se contentaient juste de bêler de temps à autre, le nez collé à la fenêtre. Pas de vilaines chansons, pas de cris ni de disputes ! Ils arrivèrent à Roquefort en fin de matinée. Certes, le chauffeur eut bien un peu honte lorsqu'il fit descendre le troupeau ; car tous ses confrères, garés sur le parking, regardaient cet étrange spectacle en ricanant. Mais il leur expliqua qu'il avait demandé le double du prix et s'empressa de leur payer un verre au café. Pendant ce temps, Irénée emmenait ses biquettes prendre leur déjeuner sur l'herbe. À l'heure de l'ouverture, ils étaient les premiers, rangés en ordre devant le grand portail. Des brebis à Roquefort, cela n'étonna personne ! Hélas, quand le gardien ouvrit, il refusa impérativement de les laisser passer. Irénée se mit alors dans une colère terrible. Il demanda à voir le directeur et

fit devant tout le monde un véritable scandale. Comment !? On ne voulait pas laisser entrer ses brebis ! C'était pourtant leur lait qui était à la base de toute cette industrie. Elles avaient tout de même le droit de voir ce que l'on faisait du produit de leurs mamelles. Le directeur resta inflexible. Mais des enfants vinrent au secours d'Irénée :

– Ouais, ouais, criaient-ils, laissez entrer les biquettes. Elles ont le droit !

Un instituteur barbu et écologiste arriva même à la rescousse. Il parla, parla… de l'humanité des bêtes, de la chaîne alimentaire, de la révolution de 1789 et de la chèvre de Monsieur Seguin. Finalement, excédé, le patron des caves céda. Cependant, comme les animaux ont quatre pattes, il exigea qu'elles paient double place. Cela ne troubla pas notre berger. L'instruction de ses bêtes passait avant tout ! Et sous les applaudissements des enfants, le troupeau pénétra dans les caves.

Irénée se paya même le luxe d'engager un guide qui dut expliquer aux brebis chaque phase de la fabrication du célèbre Roquefort.

Laissez passer les biquettes !

– Vous me croirez si vous le voulez, avoua plus tard le guide à ses confrères, elles étaient plus attentives que la plupart des enfants.

En sortant, Irénée acheta plusieurs fromages et insista pour que chacune de ses bêtes en goûte un morceau. Puis, satisfait de sa journée, il prit le chemin du retour. Le soir, tout le village était massé sur la petite place.

La nouvelle du voyage s'était répandue et tout le monde voulait être aux premières loges pour assister au retour du troupeau. À leur descente du car, les brebis paraissaient certes fatiguées… mais on pouvait lire au fond de leurs yeux comme une lueur d'intelligence. Certaines même avaient une pointe d'orgueil dans la prunelle. À n'en pas

douter, l'excursion leur avait été profitable. Elles savaient désormais à quoi servait leur lait. Irénée sortit le dernier, fier comme un pape, superbement drapé dans son vieux manteau et son bâton de noyer à la main.

Avant de rejoindre les pâturages, il rassembla ses bêtes et il dit bien fort, pour que tout le monde l'entende :

– Puisque vous avez été sages, l'an prochain, nous irons voir les caves de Saint-Émilion. Car avec un bout de fromage, rien ne vaut un bon verre de vin !

Et toutes les brebis bêlèrent de contentement.

Mêêêhhh !
Mêêêhhh !
Mêêêhhh !

Quel amour de crocodile !

Aujourd'hui N'A QU'UNE DENT le crocodile s'est levé de la mauvaise patte. Il est grognon, ronchon, de très mauvaise humeur.

Après avoir avalé, gloup ! d'un coup, sa purée de roseaux, il se couche dans la vase et ronchonne :

– Je suis vieux, très vieux. La preuve, tout le monde m'appelle N'A QU'UNE DENT…

Plus personne n'a besoin de moi, et je m'ennuie tout seul dans ma maison au bord du grand fleuve.

À ce moment-là, N'A QU'UNE DENT voit trottiner madame singe en direction de l'eau. Elle porte trois bébés et donne la patte à Gaston, l'aîné de ses petits singes. N'A QU'UNE DENT n'a envie de parler à personne. Alors, vite, il s'aplatit dans la boue. Maintenant, seuls ses yeux et ses oreilles dépassent de la vase.

Croyant qu'elle est toute seule, madame singe soupire :
– Gaston, demain, c'est la rentrée des classes. J'ai trop de travail à la maison, je ne pourrai pas t'accompagner à l'école qui est loin, très loin, au bord du grand fleuve.

– Ouin, ouin, pleurniche Gaston, si je vais à l'école tout seul, Multibosses le rhinocéros me courra après, Piquepique le méchant moustique me piquera partout, et Gaspard l'énorme boa fera trois nœuds à ma queue.

– Comment faire ? gémit madame singe.

N'A QU'UNE DENT a tout entendu.

Vite, il sort de sa cachette et dit à la famille singe effrayée :

– N'ayez pas peur, c'est moi, N'A QU'UNE DENT le crocodile. J'ai une idée pour empêcher Gaston de pleurer. S'il accepte de monter sur mon dos, tous les matins, je pourrai l'emmener à son école, et le ramener le soir à la maison. Comme ça, ni Multi-bosses, ni Piquepique, ni Gaspard ne pourront l'embêter.

– Maman… j'ai peur ! hurle Gaston.

– N'aie pas peur, dit N'A QU'UNE DENT. Je ne dévore pas les petits singes. Quand j'ai envie de manger, je préfère avaler des salades et des purées de papyrus.

Rassuré, Gaston gazouille :
– Ouiiii, je veux bien monter sur ton dos.

C'est comme ça que N'A QU'UNE DENT le vieux crocodile devient chauffeur de taxi. Il s'achète une casquette jaune fluo, un klaxon qui fait pouet pouet, il accroche des lumières jaunes et rouges au bout de sa queue, et tous les jours, il conduit Gaston à l'école.

Bientôt, tous les enfants veulent aller à l'école avec N'A QU'UNE DENT. C'est maintenant un chauffeur de taxi heu… reux !

Même pas peur de l'école !

Aujourd'hui, je vais dans une nouvelle école et je n'ai même pas peur ! J'ai mis mes chaussures neuves, celles qui courent vite. Et j'ai pris mon épée, celle que papa m'a faite dans une branche de noisetier.

Je lui ai demandé de graver mes initiales sur l'écorce : T-S-H. Ça veut dire : Thibaut Super-Héros. Ce n'est pas la peine que maman m'accompagne à l'école ! Je suis assez grand pour y aller tout seul. Même pas peur !

– C'est tout de même plus prudent, dit maman, qui ne croit pas aux super-héros.

Au moment où je sors de la maison, un terrible dinosaure m'attaque. Il a une longue queue et des poils oranges. Il rugit et s'approche de moi en ouvrant son énorme gueule. Je vois déjà ses dents aiguisées comme des rasoirs, prêtes à me mettre en morceaux. Mais il ne sait

pas que j'ai une épée magique. Quand il comprend que je suis le plus fort, il se couche à mes pieds. Je l'ai dompté. Même pas peur !

– Thibaut, cesse de taquiner le chien des voisins ! dit maman, qui ne croit pas aux bêtes préhistoriques.

Au coin de la rue, un énorme monstre de fer fonce sur moi. Il a deux paires d'yeux et quatre grosses pattes rondes et noires. Il se nourrit d'ordures et ses mâchoires font un bruit terrible ! Heureusement, mon épée a le pouvoir d'envoyer des éclairs rouges. Le monstre s'immobilise dans un fracas épouvantable. Même pas peur ! Le camion à poubelles s'est arrêté au feu rouge.

– Viens, Thibaut, on peut traverser maintenant, dit maman, qui ne croit pas aux monstres.

Tout à coup, sur le trottoir d'en face, une affreuse sorcière se jette sur moi. Elle essaye de me coller un baiser empoisonné. Je vois déjà sa grosse bouche baveuse tout près de ma joue. Je lui échappe de justesse et je lui tire la langue. Avec la pointe de mon épée magique, je dessine dans son dos le T de Thibaut. Ce n'est pas aujourd'hui qu'elle me transformera en crapaud ! Même pas peur !

– Enfin, sois poli et dis bonjour à madame Crabou ! dit maman, qui ne croit pas aux sorcières.

Nous entrons dans la boulangerie. La boulangère me sourit. Derrière elle, j'aperçois son mari. Pas de doute : c'est un ogre. Il a déjà ouvert son grand four. Il s'approche avec un vilain sourire et me dit :

– Hum ! ça sent bon chez moi, hein ?

Ses grosses mains sont toutes blanches. Il a dû rouler dans la farine quelques pauvres enfants. Mais il ne sait pas encore que je suis Thibaut le Terrible ! Celui qui dévore tout et n'a peur de rien ! Ah ! Ah !

J'ouvre grand la bouche et il n'ose pas se jeter sur moi !
– N'avale pas ces deux pains au chocolat d'un coup ! Tu es trop gourmand, dit maman, qui ne croit pas aux ogres.

Nous sortons de la boulangerie sains et saufs. Pour aller dans ma nouvelle école, il faut maintenant traverser la jungle. Avec mon épée, je dégage un chemin au milieu de buissons piquants. En m'approchant, je découvre un énorme boa. C'est un serpent très mortel. Il est capable d'avaler un enfant, et même plusieurs. Sans hésiter, je le coupe en deux.
– Pourquoi tuer ce ver de terre ? dit maman, qui ne croit pas aux boas dans les parcs.

J'avance avec prudence. Je remarque des traces. J'avertis maman que cet endroit est habité par des loups affamés. Mais je lui dis de ne pas s'inquiéter. Tant que je suis là avec mon épée, ils n'oseront pas nous attaquer.
Même pas peur !

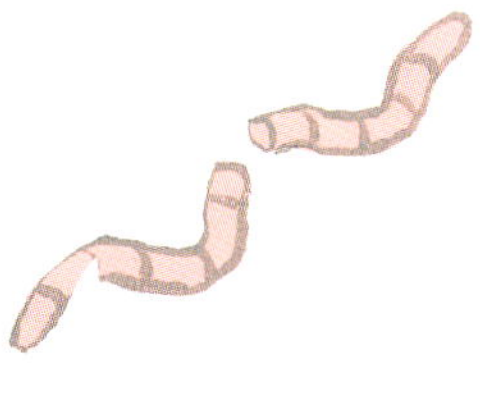

– Ce jardin public est vraiment très paisible, dit maman, qui ne croit pas à l'histoire du Petit Chaperon rouge.

Nous sommes presque arrivés à la sortie du parc. C'est maintenant le moment de prouver mon courage. Je suis le chevalier Thibaut le Terrible. Je n'ai peur de personne. Si quelqu'un ose s'approcher de moi, je le transperce de mon épée. Quand je galope sur mon grand cheval noir, la terre se met à trembler.

– Cesse de prendre ce mur pour un cheval, tu vas déchirer ton pantalon, dit maman, qui ne croit pas aux chevaliers.

Il reste encore la place à traverser et nous serons devant l'école. Le sol est recouvert de carreaux noirs et jaunes. Je ne dois marcher que sur les jaunes. Si un seul centimètre de mon pied dépasse sur le noir, je serai pulvérisé. C'est un magicien qui me l'a dit. Mais je n'ai même pas peur !

– Marche un peu plus vite, tu vas être en retard ! dit maman, qui ne croit pas à la magie.

Enfin, nous arrivons à l'école. Je redresse mes épaules, je respire un grand coup, je dis au revoir à maman…
… et j'entre dans ma nouvelle école. Même pas peur !

– Ah non ! dit maman, tu sais bien qu'il est interdit d'apporter une épée à l'école.
– Mais… qu'est-ce que je vais faire si la maîtresse est une sorcière, et si les autres enfants sont des monstres ? je lui dis. Tu ne veux pas que je sois un super-héros à l'école ?

– Écoute, Thibaut, je ne crois ni aux sorcières ni aux monstres, mais je crois en toi, dit maman. Je sais que tu n'as pas besoin de ton épée pour être courageux. Passe une bonne journée, mon super-héros !

Petite motte de terre, tu exagères !

Il fait nuit. Il fait froid. Glagla !
Brune, la petite motte de terre, grelotte. Le gel a blanchi sa chevelure d'herbes et les beaux tournesols qui la coiffent se sont fermés. Son corps est dur comme de la pierre, son cœur aussi glacé que la banquise. Brrr !

Brune lève son regard tout là-haut, vers le ciel noir. Les étoiles et la Lune sont belles et brillantes, mais si inutiles. Alors, Brune décide d'appeler le Soleil pour la réchauffer.

– Ohé, monsieur le Soleil ! Réveillez-vous !

Pas de réponse. Brune s'impatiente :
– Lève-toi, monsieur le Soleil !

Quand, enfin, le Soleil pointe paresseusement sa grosse tête ronde à l'horizon, il demande :
– Qui me dérange ?

Brune hésite à répondre ; elle a peur d'avoir fait se lever le Soleil du mauvais pied.

– Euh, c'est moi, finit-elle par avouer. J'ai tellement besoin de vous !

– Là, maintenant ? s'étonne l'astre du jour, entre deux bâillements. Ce n'est pas l'heure ! Tu ne peux donc pas attendre ?

– Oh non, je suis frigorifiée.

Le Soleil a pitié de la petite motte de terre. Il commence à luire, d'abord faiblement puis de plus en plus fort. Une douce chaleur circule à l'intérieur de Brune. Le givre fond et les tournesols s'étirent langoureusement, les pétales en éventail.

– C'est drôlement bon. Encore !

– Et pourquoi donc ? fait le Soleil. Cela ne te suffit pas ? Petite motte de terre, tu exagères !

– Encore, encore, s'il vous plaît ! supplie Brune.

Le Soleil lui sourit. Il se rapproche d'elle jusqu'à la frôler. Soudain, la chevelure de Brune prend feu.

– Au feu ! De l'eau, vite, vite ! Je vais devenir aussi chauve qu'un caillou.

Horrifié, le Soleil s'écarte vivement de Brune. Il ne sait pas comment la secourir. Un gros nuage gris, chargé de pluie, entend ses cris.

– Courage, petite motte de terre !

Aussitôt, le pompier du ciel déverse son eau. Plic ! Ploc ! Plic ! Ploc !… Des milliers de gouttes tombent sur Brune, éteignant l'incendie.

– Encore, encore, s'il vous plaît ! réclame Brune.
– Pourquoi donc ? questionne le nuage. Ce n'est plus nécessaire. Petite motte de terre, tu exagères !
– Si, si ! Je voudrais que mes cheveux d'herbes et mes beaux tournesols repoussent.

Le nuage éclate de rire :
– Ah, que tu es coquette ! Eh bien d'accord !

Il pleut tant et si bien qu'une mare se forme autour de Brune. Le niveau monte, trop vite, trop haut.

– Arrête ! hurle Brune, à demi recouverte d’eau. Tu vas me noyer !

– Je suis vraiment désolé ! se lamente le nuage, catastrophé.

Heureusement, du haut du ciel, le vent a assisté à toute la scène.

– Tiens bon, petite motte de terre, j'arrive !

Il souffle d'abord en rafales pour chasser le nuage, puis doucement pour sécher Brune.

– Veux-tu que je continue encore ?

– Et pourquoi donc, monsieur le Vent ? répond Brune. C'est bien suffisant !

Brune, la petite motte de terre, est heureuse ; elle se met à chantonner :

Pour vivre heureux, il faut un peu de tout :
Un peu de terre pour s'enraciner,
De feu pour réchauffer le cœur,
Un peu d'eau pour grandir,
De l'air pour sécher ses pleurs.
Il faut de tout, un petit peu.

Le loup Gary

Ce jour-là, le soleil est déjà haut quand Gary le loup sort du lit…

– Nom d'un pétard, s'écrie Gary, mon réveil est arrêté ! Avec tout ce que j'ai à faire ce lundi ! Pauvre Gary !

lupo
Manuel
PILES

Il a dépensé tous ses sous pour s'offrir ce réveil qui fait aussi radio et cafetière… C'est terrible, comment va-t-il organiser sa journée ? Il faut absolument qu'il trouve quelqu'un pour le renseigner. Gary sort de sa tanière. Il court jusqu'à un petit chemin. Là, trois enfants marchent en chantant, justement « Promenons-nous dans les bois, pendant que le loup n'y est pas… »

Quand ils voient Gary, ils crient :

– Au secours, le loup-garou !

– Non… euh… moi c'est le loup Gary. Bonjour, je…

Mais les enfants n'entendent rien. Ils sont déjà loin. Gary rentre chez lui, déçu.

« Je leur ai fait peur, pense-t-il en se regardant dans la glace. C'est vrai que je suis tout sale, tout ébouriffé, tout nu… » Du coup, il se douche, se coiffe, met un chapeau sur ses oreilles velues, une écharpe pour cacher ses dents pointues. Et même un peu de parfum.

Gary ressort de sa tanière quand, au détour d'un buisson, que voit-il ? Un chasseur armé d'un fusil… « Lui au moins n'aura pas peur », se dit Gary. Et il s'avance :

– Bonjour, je voudrais…

Mais : PAN ! PAN ! PAN ! Trois coups de feu lui partent dans les pattes. Cette fois, c'est Gary qui s'enfuit !

« Ça alors, se dit-il, même le chasseur a peur de moi ! »

Alors Gary a une idée. Il prend une grande feuille de papier et il écrit : Aucun danger, il ne faut pas avoir peur !
Gary aperçoit une dame qui ramasse des fleurs.
Il s'approche :
– Bonjour, je voudrais vous…

Mais à ces mots, la dame lève le nez et pousse un cri terrorisé. Au lieu de lire la pancarte, que fait-elle ?

Elle grimpe sur un arbre pour échapper au loup. Gary grimpe aussi. La dame claque des dents :
– Ne me dévorez pas ! Je vous donnerai des steaks, des rôtis…
– Merci, mais je ne mange que des tartines, répond Gary.

La dame est bien soulagée. Elle offre à Gary ses fleurs et un baiser. Ému, Gary peut enfin demander :
– Quelle heure est-il, s'il vous plaît ?
– Midi, répond la dame. Mais pourquoi êtes-vous si pressé ? On est dimanche aujourd'hui !
– Dimanche !?! s'écrie Gary. Je croyais qu'on était lundi !

Girafon et Girafette

Il était une fois une jolie girafe nommée Girafette.

Un jour, elle déclara à son fiancé :
– Girafon, tu n'es plus mon petit ami. Je vais épouser le roi des bœufs. Il est bien plus fort que toi.
– Mais, s'écria Girafon, ce n'est pas possible !
– Si ! C'est possible, répliqua Girafette.
– Eh bien, on va voir ce qu'on va voir, clama Girafon. Je te suivrai, j'irai partout où tu iras.

Girafette haussa les épaules et s'en alla au royaume des bœufs. Dans un champ, elle rencontra le roi.
– Épouse-moi, dit Girafette.
– Tu es très belle, répondit le roi. Hélas, tu n'es pas assez grasse. Le roi des bœufs doit épouser une bonne grosse vache.

Quand il entendit cela, Girafon éclata de rire et chantonna :
– Tralala, tu n'épouseras pas le roi des bœufs.
– Je m'en fiche, répliqua Girafette, j'épouserai le roi des coqs, il est bien plus beau que toi.

Chez les coqs, le roi prenait le soleil, perché sur une charrette. Girafette se précipita vers lui et dit :
– Roi des coqs, épouse-moi.
– Avec joie, dit fièrement le roi.

Il gonfla son poitrail, se prépara à lancer son fameux cocorico. Mais soudain, il s'arrêta.

– Girafette, demanda-t-il, je ne vois pas ton joli jabot. Le caches-tu ?
– Les girafes n'ont pas de jabot, dit Girafette.
– Pauvre amie, soupira le roi des coqs, je suis désolé mais je ne peux pas t'épouser. La reine des coqs doit porter le jabot.
– Tralala, se moqua Girafon, tu n'épouseras pas le roi des coqs.
– Ah ! C'est ainsi, fit Girafette. Eh bien, j'épouserai le roi des crocodiles. Il est bien plus malin que toi.
– Arrête, supplia Girafon, le croco va te dévorer.

Mais Girafette détourna la tête et marcha jusqu'au bord du grand fleuve où vivait Croco. Girafette regarda à droite,

regarda à gauche. Personne au bord du grand fleuve. Se croyant seule, elle cria dans le vent léger :

– Roi des crocodiles, épouse-moi.

Juste à ce moment-là, Croco sortit de la vase, la gueule ouverte, les dents luisantes.

– Avec plaisir, chère Girafette, susurra-t-il en s'avançant.
– Aaaaah ! À l'aide, Girafon ! cria Girafette.

Elle était pétrifiée de peur. Croco rampa vers elle, menaçant.

– Je crois que ton Girafon t'a oubliée. Petite girafe, je vais te manger !

Mais soudain, Girafon surgit.

– Croco, viens donc me dévorer, si tu l'oses, lança-t-il.

– Petit insolent, gronda le roi Croco, je vais t'avaler tout cru !

La grosse bête se détourna de Girafette et s'approcha de Girafon. Les pattes de Girafon tremblaient un peu, mais il ne bougea pas. Quand le roi Croco fut assez éloigné de Girafette, Girafon ordonna :

– Girafette, sauve-toi !

Elle s'enfuit à toutes jambes. Aussitôt Girafon s'échappa aussi. Il rejoignit Girafette sur la route, essoufflé mais soulagé.

– Pardonne-moi, lui dit Girafette, j'ai été stupide. Je voulais juste te taquiner. Pour moi, tu seras toujours le plus beau, le plus fort et… le plus malin.

Girafon pardonna bien sûr, puisqu'il aimait Girafette. Et ils s'en allèrent tous deux, côte à côte, jusqu'à la plage de sable fin.

Mes premières vacances tout nu !

La voiture rouge filait à toute allure vers le soleil. Assis à l'arrière, Victor boudait. Sa maman se tourna vers lui :
– Victor, arrête de faire la tête. Tu verras, ce sera super !
– Non ! ça ne me plaît pas. Elles vont être nulles, ces vacances. Je ne veux pas le faire !
– D'accord, d'accord, c'est toi qui décides.

Le père de Victor stoppa l'auto devant le camping du Phare. À première vue, rien ne le distinguait d'un autre camp de vacances, sauf peut-être l'entrée. Elle était en chicane et l'on ne voyait rien à l'intérieur.

– Attendez-moi là, j'en ai pour un instant, dit le papa de Victor.

Quelques minutes plus tard, il revint avec les papiers d'accueil et le numéro d'un emplacement.
– Allons-y, dit-il tout joyeux. Nous avons une belle place près de la plage, bien à l'ombre sous un pin.

Ils s'engagèrent au pas dans une allée sablonneuse qui conduisait à la mer. Soudain Victor écarquilla les yeux puis éclata de rire : un gros monsieur tout nu sur son vélo pédalait tranquillement en sens inverse !

– Chut ! lui fit sa maman. Tu vas nous faire remarquer.

Mais Victor ne pouvait plus s'arrêter de rire, il en avait mal au ventre. Le gros monsieur tout nu avait gardé ses chaussettes et ses sandalettes !

Victor ne se calma que lorsqu'ils furent arrivés à leur emplacement. Là, il descendit de voiture et se mit à regarder autour de lui. Partout, les gens étaient nus comme des vers. Ils avaient l'air de trouver ça normal et ne prêtaient aucune attention à la nudité des autres. Ils se comportaient naturellement, comme s'ils avaient été habillés.

– N'importe quoi ! pensait Victor. Quelle idée mes parents ont eue de passer des vacances dans un camp de nudistes ?

En se retournant, il constata que son père et sa mère s'étaient déshabillés ! Il avait l'habitude de les voir tout nus le matin dans la salle de bains, cela ne le gênait pas, ni lui, de se montrer devant eux. Mais là, il se sentait bizarre et, en même temps, il trouvait ça amusant.

7

– Tu ne te déshabilles pas ? demanda son père. Tu sais, ici, c'est naturel.

– Ah, non ! J'enlève mon tee-shirt mais pas mon short, répondit Victor avec vigueur.

Il n'allait quand même pas montrer son zizi et ses fesses à tout le monde !

Son père n'insista pas et commença à enfoncer les piquets de tente dans la terre à grands coups de marteau.

Victor, boudeur, s'approcha de la haie qui les séparait de leurs voisins. Une tête blonde jaillit tout à coup du feuillage.

– Salut ! Je m'appelle Alizé. J'ai entendu du bruit, alors j'ai voulu voir qui s'installait.

– M… moi, c'est Victor, répondit Victor en bredouillant.

– C'est la première fois que tu viens ici ? demanda Alizé.

– Euh… Oui.

– Bouge pas, j'arrive !

Avant que Victor ait pu dire quelque chose, le visage d'Alizé avait disparu. Dix secondes plus tard, une fille de sa taille se tenait devant lui, toute nue ! Il se sentait si gêné qu'il ne savait pas où poser ses yeux.

Alizé fit comme si de rien n'était.

– Viens, dit-elle en lui prenant la main, je vais te présenter à mes copains et mes copines.

Victor se laissa guider, muet.

– La première fois, dit Alizé doucement, moi aussi j'avais un peu honte de me balader toute nue. Tu sais, les premiers hommes vivaient ainsi. Ils ont fabriqué des vêtements pour se protéger du froid, pas pour se cacher des autres. On est tous faits pareil... enfin presque !

Elle éclata de rire et Victor ne put s'empêcher de rigoler avec elle. Elle était drôlement sympa, Alizé. Elle le mettait à l'aise.

Ils rejoignirent deux garçons et trois filles qui jouaient aux balançoires. Alizé présenta Victor. Personne ne fit de commentaire mais Victor constata que les autres s'efforçaient de ne pas regarder son short. Il se sentit à nouveau gêné.

– Si on allait se baigner ? demanda l'un des garçons.

– Ouais ! firent les autres en chœur.

Arrivé sur la plage, Victor les regarda se précipiter dans l'eau. Il jeta un œil à gauche puis à droite. Les gens ne faisaient pas du tout attention à lui.

D'un coup, il se décida. Il enleva son short et rejoignit ses nouveaux copains dans l'eau, à toute vitesse. Alizé lui adressa un coup d'œil d'encouragement.

Ils jouèrent longtemps au ballon dans la mer, puis sur la plage. Victor oublia vite qu'il était tout nu. Et même il trouvait que c'était pratique, on n'avait pas de sable qui grattait dans le maillot !

Lorsqu'il revint au camping, ses parents avaient fini de monter la tente et ils buvaient tranquillement un soda bien frais, assis à l'ombre des arbres.

– Alors ? demanda son père en le voyant arriver, son short à la main.

– C'est super ici, j'ai des copains vraiment sympas, surtout Alizé.

– Tu ne boudes plus ? questionna sa maman d'un air malicieux.

Victor regarda ses parents qui souriaient.

– Bon d'accord. Je veux bien être tout nu... mais seulement quand tout le monde est tout nu !

Le rêve fou de Pat l'éléphant

1. Une mare à la mode

Depuis un an, Pat l'éléphant tient un bain-buvette au beau milieu de la savane. On peut s'ébattre dans l'eau ou boire un coup en échange de quelques kilos d'herbe, de feuilles ou de fruits (mais la maison accepte aussi les écorces et les racines). Pour un kilo de plus, on peut même prendre une bonne douche ou se faire éventer : par ces fortes chaleurs, c'est bien agréable. Les affaires marchent bien. Le bain-buvette est toujours plein. Ce matin-là, l'éléphant ne sait plus où donner de la tête. Max le lion exige un peu d'air frais. Au rugissement qu'il pousse, Pat comprend qu'il vaut mieux faire vite. Il se met à battre des oreilles à toute vitesse, façon ventilateur. Il n'a pas encore terminé qu'Eusèbe le zèbre hennit avec impatience. C'est l'heure de sa douche. Aussitôt, l'éléphant plonge sa trompe dans la mare et court l'asperger. C'est alors que surgit Bobby le babouin. Le singe vient payer ses dettes. Il a des fruits plein les bras.

– Voyons, réfléchit Pat, tu me devais sept kilos de fruits. Avec la douche de tout à l'heure, ça fait huit.

Bobby espérait bien s'en tirer avec six kilos. Mais avec une mémoire pareille, impossible de truander l'éléphant !

– Ouf ! Un peu de repos ! souffle Pat.

Le gros pachyderme en profite pour observer les animaux autour de la mare. Les joueurs de cartes sont fidèles au poste. Les pattes dans l'eau, Bill le buffle, Zizou le gnou et Jennifer la panthère tapent le carton, tandis que Pénélope l'antilope et Gisèle la gazelle papotent. Deux jeunes babouins, pendus au cou d'Olga la girafe, dévalent son dos en hurlant de peur et de plaisir à la fois. En retombant dans l'eau, ils ne manquent pas d'éclabousser

Pam l'hippopotame, qui est en train de barboter.

– Ah ! Ces jeunes ! soupire-t-elle.

Mais voilà qu'ils s'élancent une nouvelle fois sur le « toboggan de la mort » ! Pat est très fier. À la mare, des animaux de tous poils peuvent se côtoyer en paix, comme

sur l'arche de Noé, et c'est un peu grâce à lui. Malheureusement, dès qu'ils quittent le bain-buvette, ils s'entretuent. Cela désespère Pat, qui est un pacifique et un rêveur; un gros rêveur. Il fait des rêves aussi gros que lui, des éléphantasmes, comme les appellent ses amis. Il en est un plus gros, plus fou encore que le plus gros et le plus fou de ses fantasmes d'éléphant: il rêve que les animaux cessent de s'entre-dévorer, qu'ils vivent en paix; pas uniquement au bain-buvette, mais dans toute la savane. Au moment de fermer, il ne peut s'empêcher de penser que demain l'un de ses amis manquera encore à l'appel. Dans la savane, on ne meurt pas de vieillesse ou de maladie; on ne meurt pas de faim, non plus. On se fait manger!

2. Un beau discours

Il est très rare de voir Pam l'hippopotame courir dans la savane. Elle est bien trop grasse ! Et pourtant, ce matin, dès l'aube, c'est bien elle qui court de toutes ses pattes jusqu'à la mare.
– Salut, Pat. Tu as appris la nouvelle ?
– Hein ? Quoi ?
– C'est Pénélope l'antilope. Il y a une heure, on a retrouvé son cadavre déchiqueté. Ce n'était pas beau à voir !
– Voyons ! C'est impossible ! Pas ma Pénélope, tout de mêmc ! Qui aurait osé lui faire du mal ?
– On dit que c'est un coup d'Edgar le guépard.
– Quel malheur !
– Elle était si gentille !

– Écoute, Pam, ça ne peut plus durer ! Il faut réagir !

Pat aurait bien une solution pour arrêter le carnage. C'est une idée un peu folle, mais… Pourquoi ne pas l'exposer aux autres animaux, après tout !

Il attend la fin de l'après-midi, quand le bain-buvette est archicomble, pour prendre la parole. La trompe levée, il pousse alors un puissant barrissement pour réclamer le silence.

– J'ai quelque chose d'important à vous dire. Voilà. Cette nuit, Pénélope l'antilope s'est fait égorger par l'un d'entre vous. Je sais, ce n'est pas la première fois, mais je voudrais tant que ce soit la dernière ! Je ne supporte plus de voir mes amis disparaître les uns après les autres.

– Tes amis ! Dis plutôt tes clients ! le coupe Sam le chacal avec perfidie.

Pat ne relève pas la provocation et poursuit son discours :

– Et vous, n'en avez-vous pas assez d'interrompre une

conversation parce que votre interlocuteur s'est fait manger ? Ou une partie de cartes faute de partenaire ?
– Je suis le plus vieux d'entre vous, hennit Eusèbe le zèbre. Et j'ai vu périr tous les miens. Moi, je ne crains plus grand-chose. Qui voudrait manger une chair aussi dure ? Mais je pense aux jeunes. Si seulement ils pouvaient avoir une vie moins difficile que la mienne ! Toujours être attentif au moindre bruit ! Et puis courir, toujours courir pour échapper à ses ennemis ! Alors Pat, je t'en prie, dis-nous ce que tu proposes.

– C'est aux amateurs de chair fraîche que je m'adresse. Oui, vous, les carnivores. Je vous supplie de ne plus manger désormais que des plantes. Herbes, feuilles, fruits, vous n'avez que l'embarras du choix !

– C'est facile à dire, rugit le lion. Tu ne te nourris QUE de plantes ! Et c'est le cas de beaucoup d'entre vous.

– Je m'attendais à ta réaction, Max. Changer de régime ne va pas être facile pour vous. Mais c'est à vous de décider si vous voulez continuer à vivre comme des sauvages… ou faire un beau geste.

– Moi qui mange de tout, intervient Bobby le babouin, feuilles, fruits, insectes, petits mammifères, je peux compa-

rer. Eh bien, crois-moi, Max, rien ne vaut un bon fruit ! Qu'est-ce qui t'empêche d'essayer ?

– Je n'ai rien à gagner dans l'affaire, reprend Pat l'éléphant. Moi, je ne cours aucun danger, je suis bien plus fort que le plus fort d'entre vous. Toutefois, pour vous encourager, je suis prêt à manger moitié moins de plantes que d'habitude.

– C'est beau la solidarité, ricane Anna l'hyène.

À la fin de la séance, les carnivores décident tous de devenir herbivores ; tous sauf les charognards, hyènes, chacals, vautours, qui pourront continuer à se nourrir de cadavres. Des éboueurs, c'est bien utile !

3. La fin d'un rêve

La paix règne désormais dans la savane. Lorsque les herbivores aperçoivent un fauve, ils ne sont plus obligés de s'enfuir. Ils continuent de brouter paisiblement, échangeant des politesses avec leur ennemi mortel d'autrefois. Certains vont même jusqu'à lui conseiller les meilleurs coins pour trouver de l'herbe. Quant aux fauves, ces grands paresseux, ils n'ont plus qu'à baisser la tête pour manger. Finies les courses épuisantes dans la savane ! Seuls les charognards semblent mécontents. Ils ont le sentiment d'avoir été dupés. Maintenant que les animaux ont cessé de se manger entre

eux, il n'y a plus un seul cadavre à se mettre sous la dent. Depuis des semaines, l'hyène, le chacal et le vautour n'ont pu se partager que la dépouille d'un buffle, mort de vieillesse. Un jour, Anna l'hyène s'approche d'Edgar le guépard, qui a l'air plus triste encore que d'habitude. Il a honte de se l'avouer, mais il a faim de viande, lui aussi.

– Regarde les cuisses de Gisèle, lui dit-elle en désignant la gazelle. Comme elles sont appétissantes !

Mais le guépard ne l'écoute pas. Pas plus que le jour suivant lorsqu'elle lui glisse à l'oreille :

– Une cuisse ! Rien qu'une cuisse ! Ce n'est pas un crime tout de même !

Mais Edgar résiste. Il sait bien que l'hyène n'attend qu'une chose, que les animaux s'entre-dévorent à nouveau pour se nourrir de leurs restes. Au bout de quelques mois, le rêve tourne au cauchemar. La savane est devenue surpeuplée. Le nombre des mangeurs de plantes a beaucoup augmenté. Il n'y a plus un brin d'herbe, plus une feuille ou un fruit aux environs de la mare. Et il faut aller toujours plus loin pour trouver de la nourriture. Les animaux de la savane ressemblent à des sacs d'os. Pat l'éléphant, dont la peau tombe sur le squelette comme

un manteau trop grand, est méconnaissable, lui jadis si gros. Mais ce sont les fauves qui souffrent le plus. Max le lion, qu'on appelait « roi des animaux », a l'air d'un vagabond avec sa crinière terne et ses yeux creux. Jennifer la panthère a perdu presque toutes ses dents. Quant à Edgar le guépard, il est au bord de la folie. Il ne peut plus regarder

Gisèle la gazelle, sa tendre amie, sans saliver. « Est-elle si tendre qu'elle en a l'air ? » se demande-t-il. Mais il tient bon, comme les autres carnivores. Plutôt mourir, clament-ils, que de manquer à leur parole ! Quelques semaines encore ont passé. Les animaux tombent comme des mouches : Eusèbe le zèbre, Max le lion, Olga la girafe et Pam l'hippopotame sont bel et bien morts de faim. Et Pat l'éléphant n'a plus que ses yeux pour pleurer. Au moment de mourir à son tour, il comprend qu'il s'est TROMPÉ lourdement. Quelle erreur !

4. Un réveil câlin

– Pat, réveille-toi !
– Pénélope ! Tu es donc vivante ?
– Vivante ? J'ai même une pêche d'enfer !

– Edgar le guépard ne t'a donc pas… dévorée ?
– Quelle idée ! Encore un de tes éléphantasmes !
– Mais alors, nous ne sommes pas morts de faim ?
– Toi, mort de faim ? Tu n'as jamais été aussi gras !
– Et les fauves ? Est-ce qu'ils mangent de l'herbe ?
– Tu es malade !
– Détrompe-toi. Je n'ai jamais été aussi heureux de ma vie ! Tiens ! Il faut que je t'embrasse !
– Attention, gros balourd ! Tu vas me marcher sur les sabots !
– Oh, pardon ! Je suis tellement content de te voir ! Mais c'est vrai que tu as l'air en pleine forme…
– Je vais te confier un secret, Pat. Surtout ne le répète pas. Je tiens une telle forme… que je mangerais du lion !

Roi Canard et Vieux Crocodile

Ce matin, Roi Canard s'ennuie. Il songe :

– Il faudrait que j'embête quelqu'un, je m'ennuierais moins.

Mais qui ?

Il cherche… et soudain :

– J'ai trouvé, dit-il, je vais embêter Vieux Crocodile.

Pendant ce temps, sur la plage, Vieux Crocodile se réveille doucement, sa longue gueule posée sur le sable. Roi Canard s'approche. Pas trop près quand même. Il se dandine devant Vieux Crocodile, passe une fois, puis une autre fois.

– Croco, dit Roi Canard, tu ne sais même pas te dandiner.

Vieux Crocodile ouvre un œil, soupire, referme son œil et garde sa longue gueule posée sur le sable. Roi Canard, de son côté, se met à chanter :

– Coin coin coin coin coin coin.

Puis il dit :

– Eh ! Croco, tu ne sais même pas faire « coin coin ».

Vieux Crocodile ouvre son deuxième œil, soupire à nouveau, referme son œil et garde sa longue gueule posée sur le sable.

Voyant cela, Roi Canard s’enhardit. Il volette, hop hop, volette encore, hop hop hop ! Et il clame :

– Croco, tu ne sais même pas voler !

Cette fois, Vieux Crocodile ouvre un œil puis l’autre, il soupire et… il grogne :

– Tu voles bas.

– Quoi ? dit Roi Canard.

– Je te dis que tu voles bas, répète Vieux Crocodile.

– Je vole bas ! s’énerve Roi Canard, eh bien on va voir ce qu’on va voir !

Il rejoint le haut de la plage, il prend son élan, il volette, il volette, il vole, oui il vole, juste au-dessus de Vieux Crocodile qui lève sa large gueule.

– Alors, je vole toujours bas ? questionne Roi Canard.

– Attention, un aigle au-dessus de toi ! crie Vieux Crocodile.

Roi Canard lève les yeux au ciel. Il n'y a rien au-dessus de lui. Mais il perd l'équilibre et tombe dans la large gueule de Vieux Crocodile qui l'avale d'un coup.

– Canard, tu m'entends ? chantonne Vieux Crocodile de son horrible voix.

Du fond de l'estomac de Vieux Crocodile, Roi Canard entend, mais il n'ose pas répondre. Vieux Crocodile ricane :

– Canard, mon petit Canard, qu'est-ce que tu disais déjà ?

Roi Canard, vexé, répond :

– Je disais que je me dandinais.

Vieux Crocodile rigole plus fort.

– Et encore, Canard, qu'est-ce que tu disais encore ?
– Je disais « coin coin ».
– « Coin coin », répète Vieux Crocodile en se tenant les côtes de rire.
– Et je dis que je vole, ajoute Roi Canard en colère qui se met à voleter de toutes ses forces.

Il volette, il volette dans l'estomac de Vieux Crocodile. Et bientôt ses ailes chatouillent la grosse bête.
– Arrête, Canard, arrête ! supplie Vieux Crocodile qui s'étouffe de rire.

Mais Roi Canard bat des ailes de plus en plus fort. Il chatouille si bien Vieux Crocodile que celui-ci ouvre une large gueule tellement il rit. Roi Canard s'échappe. Tout à sa joie, il se pose sur le bout de la gueule de Vieux Crocodile. Il cancane :
– Et alors, qui c'est le plus fort ?

– Sans doute toi, divin Canard, répond Vieux Crocodile d'une drôle de voix.

Il lorgne vers Roi Canard, soupire, puis hop, il le gobe mais cette fois…

… il le croque.

Arthur et la nouille vivante

Arthur, mange tes pâtes ! dit maman.

Arthur fait « non » de la tête.

Dans son assiette, il vient d'apercevoir…

Une nouille vivante ! Celle-là, là, au milieu ! Elle a bougé, il en est sûr ! Et elle le regaaaarde ! Manger une nouille vivante ? Quelle horreur !

– Je n'ai plus faim ! déclare Arthur en se laissant glisser de sa chaise.

Maman soupire et, un peu agacée, jette le contenu de l'assiette à la poubelle. Mais… ça alors, la nouille a sauté ! Comme elle a l'air triste, toute seule sur le carrelage ! Arthur s'accroupit pour l'observer de près.

– Tu veux être ma copine ? lui demande-t-il tout bas.

La nouille ne répond pas parce qu'elle est très intimidée. Mais Arthur sent bien qu'elle est d'accord.

– Je t'appellerai Georgette ! décide-t-il.

– Viens, Georgette, on va visiter la maison ! dit-il en ramassant la nouille.

Il la pose en équilibre sur son nez, la fait tourner sur son doigt… Docilement, Georgette se prête à toutes ses fantaisies.

– C'est l'heure du bain, Arthur ! crie maman de la cuisine.

Les nouilles ont-elles peur de l'eau ? Arthur se gratte la tête, puis décide que non. Ne les met-on pas dans une casserole pleine d'eau pour les faire cuire ?

– Allez hop ! Georgette, dans le bain.

Non seulement Georgette n'a pas peur de l'eau, mais elle nage comme un vrai poisson. Il faut la voir pointer le bout de son nez au milieu du bain moussant, en chatouillant le ventre d'Arthur au passage. Quelle rigolade ! Jamais Arthur n'a eu d'amie aussi sympa, ni aussi drôle !

– Au lit, maintenant ! dit maman.

Arthur fourre la nouille dans la poche de son pyjama et file vers sa chambre. Chouette, Georgette va lui tenir compagnie pendant la nuit ! Quand il fait noir, Arthur a toujours un petit peu peur… Il la pose sur son oreiller, lui donne un bisou et lui chuchote : « Bonne nuit ! »

– Qu'est-ce que c'est que ça ? s'écrie maman en venant embrasser son petit garçon. Une nouille sur l'oreiller ? C'est vraiment dégoûtant !

Et, malgré les protestations d'Arthur, maman l'attrape. Mais Georgette se débat, lui échappe et glisse sous le lit.

– Je balaierai demain, décide maman. Il est tard… Bonne nuit, mon chéri !

Et, après un dernier câlin, elle éteint la lumière.

Dans le noir, Arthur appelle doucement :
« Georgette ! Geoooorgette ! »
Pas de réponse. Et si elle s'était assommée en tombant ? À moins qu'elle ne soit déjà endormie… Est-ce que les

nouilles dorment la nuit, comme les enfants ? Ou restent-elles éveillées, comme les chouettes et les hiboux ? En tendant l'oreille, Arthur entend un léger bruit dans le noir. C'est Georgette qui ronfle ! Rassuré, il s'endort à son tour.

Et rêve qu'il se marie avec Georgette. Ils deviennent le roi et la reine des nouilles et vivent très heureux, sur un îlot de fromage, au milieu d'une mer de sauce tomate. C'est décidé, Arthur ne mangera plus jamais de pâtes. Un roi ne croque pas ses sujets, n'est-ce pas ! D'ailleurs, la purée, c'est tellement meilleur !

Table des Histoires